Jörg Lonthoff

Grundlagen der Behandlung von Implikationen der New Economy auf Wertschöpfungsstrukturen in der Automobilindustrie

GRIN Verlag

Bibliografische Information der Deutschen Nationalbibliothek:

Die Deutsche Bibliothek verzeichnet diese Publikation in der Deutschen National-
bibliografie; detaillierte bibliografische Daten sind im Internet über http://dnb.d-
nb.de/ abrufbar.

Impressum:

Copyright © 2001 GRIN Verlag GmbH
Druck und Bindung: Books on Demand GmbH, Norderstedt Germany
ISBN: 978-3-638-64051-0

Dieses Buch bei GRIN:

http://www.grin.com/de/e-book/8511/grundlagen-der-behandlung-von-implikatio-
nen-der-new-economy-auf-wertschoepfungsstrukturen

GRIN - Your knowledge has value

Der GRIN Verlag publiziert seit 1998 wissenschaftliche Arbeiten von Studenten, Hochschullehrern und anderen Akademikern als eBook und gedrucktes Buch. Die Verlagswebsite www.grin.com ist die ideale Plattform zur Veröffentlichung von Hausarbeiten, Abschlussarbeiten, wissenschaftlichen Aufsätzen, Dissertationen und Fachbüchern.

Besuchen Sie uns im Internet:

http://www.grin.com/

http://www.facebook.com/grincom

http://www.twitter.com/grin_com

Technische Universität Darmstadt

Fachbereich 1: Rechts- und Wirtschaftswissenschaften

Institut für Betriebswirtschaftslehre

Fachgebiet Technologiemanagement & Marketing

BWL-Seminar im SS 2001:

„Zukunftsperspektive Automobilindustrie

Implikationen der ‚New Economy' auf Wertschöpfungsstrukturen"

Thema 1:

Grundlagen der Behandlung von Implikationen der „New Economy" auf Wertschöpfungsstrukturen in der Automobilindustrie

vorgelegt von:

Jörg Lonthoff

Darmstadt, den 28.06.2001

Zusammenfassung

Vorliegende Arbeit beschäftigt sich mit dem Thema „Grundlagen der Behandlung von Implikationen der ‚New Economy' auf Wertschöpfungsstrukturen in der Automobilindustrie".

Dabei gehen die Verfasser von einer technologieorientierten Definition des Begriffs „New Economy" aus. Insbesondere werden das Internet und dessen Netzwerkeffekte als Hauptmerkmal dieser „New Economy" angesehen.

Die Theorie der Wertschöpfung (nach Porter) liefert durch Analyse der Wertschöpfungsglieder eines Unternehmens die strategisch entscheidenden Wertschöpfungsaktivitäten und die dazu notwendigen Ressourcen. Als Ergebnis der Wertkettenanalyse ergibt sich oft eine erhebliche Änderung der Wertschöpfungstiefe der Unternehmen, da unattraktive, keine Wettbewerbsvorteile erbringenden Aktivitäten, kostengünstiger durch Lieferanten erbracht werden.

Als Schlüsselmerkmal wird in diesem Zusammenhang insbesondere der Trend vom hersteller- zum zuliefererentwickelten und –produzierten Automobil angesehen.

Die erwarteten Änderungen werden sich vor allem zwischen und innerhalb der Glieder der Wertschöpfungskette und damit auf der Transaktionsebene abspielen. Exemplarisch wird daher die Kommunikation in der Forschung und Entwicklung als Beispiel für eine Transaktion untersucht.

Die Automobilindustrie reagiert auf die veränderten Markt- und Technologiebedingungen unter anderem mit der Errichtung elektronischer Marktplätze, deren Einfluß auf Transaktionen zwischen Zulieferer und Hersteller dargestellt wird.

Die Verfasser kommen zu dem Schluß, daß zwar die Produktivität durch Anwendung neuer Technologien der „New Economy" steigt, die bestehende Struktur im untersuchten Rahmen dennoch unverändert bleiben wird.

Inhaltsverzeichnis

Abbildungsverzeichnis

Tabellenverzeichnis

1. Einleitung

In der Automobilindustrie zeigt sich seit mehreren Jahren ein Trend zur Vernetzung der Informations- und Kommunikationsstruktur zwischen den Herstellern und deren Lieferanten. Die gesamte Automobilbranche wird gerne als Beispiel für die „Old Economy" genannt. Um eine ökonomische Einordnung zu ermöglichen, wird in vorliegender Seminararbeit dargelegt, daß die Internet-Technologie und die damit verbundenen Netzwerkeffekte die typischen Merkmale für die sogenannte „New Economy" sind.

Weiterhin wird der Frage nachgegangen, ob die „New Economy" die Wertschöpfung in ihrer Struktur ändern wird. Dazu wird die bestehende Wertschöpfungsstruktur skizziert und im Anhang ein Überblick über die größten Unternehmen der Automobilindustrie gegeben.

Exemplarisch wird ein Prozeß der Wertschöpfungskette bis auf die Transaktionsebene zerlegt, um zu analysieren, ob es durch den Einsatz der Internet-Technologie Möglichkeiten zur Effizienz- und Gewinnsteigerung gibt.

Mit vorliegender Arbeit soll gezeigt werden, daß die Merkmale der „New Economy" die Wertschöpfungskette der Automobilindustrie in ihrer Struktur nicht verändern. Jedoch führt der Einsatz moderner IuK-Technologie zu optimierten Kommunikations- und Transaktionsprozessen.

2. Konzeptionelle und begriffliche Grundlagen

2.1 Automobilindustrie

Die Definition des Begriffes „Automobilindustrie" beschränkt sich, wie vorgegeben, auf Unternehmen, die Eigenfertigung der automobilen OEM betreiben und deren First Tier Lieferanten.

2.2 „New Economy"

Der Begriff der „New Economy" impliziert eine neue Ökonomie, die sich per Definition von der alten Ökonomie unterscheidet. An dieser Stelle wird der Frage nachgegangen, welche Merkmale die „New Economy" auszeichnen.

Der amerikanische Ökonom und Executive Editor des Wired-Magazins, Kevin Kelly, spricht im September 1997 von neuen Gesetzen der „New Economy", in der es weder Rezession noch Konjunkturschwankungen gibt, sondern ständiges

Wachstum auf hohem Niveau, bedingt durch die neuen Technologien[1].

Als Gattungsbegriff wird „New Economy" zu einem Namen für eine Meta-Branche, in die Unternehmen der IuK-Technologie, Nanotechnik und Robotik, elektronischer Geschäftsverkehr (Electronic Commerce), Biotechnologie, sowie andere Unternehmen der High-Tech-Branche eingeordnet werden. Solche Unternehmen zeichnen sich vor allem durch hohes Umsatzwachstum und eine hohe Marktkapitalisierung aus[2].

Vorliegende Seminararbeit definiert den Begriff „New Economy" technologie-orientiert, als eine Ökonomie, die sich das Internet und die damit verbundenen Netzwerkeffekte zu nutzen macht. In der Literatur wird diese Definition häufig auch mit „Net Economy" bzw. „InterNet Economy" bezeichnet[3].
Diese Definition wird gerechtfertigt aufgrund der herausragenden Bedeutung des Internets, das sich erst mit der Einführung des offenen Datenübertragungs-standards TCP/IP (1983[4]) und der Einführung des World Wide Web (WWW; 1989[5]) als architektonisches Rahmenwerk für den Zugriff auf verteilte, verknüpfte Dokumente zu dem Netz entwickelte, das die proprietären Standards der verschiedenen Softwarehersteller überwinden konnte. Nachdem auf diese Weise die Verbindung heterogener Rechnerplattformen möglich geworden war, wurde das Internet zum Prototyp der „Global Information Infrastructure"[6].

Im Zusammenhang mit der Nutzung des Internets, ist der Netzwerkeffekt ein besonders wichtiges Merkmal der „New Economy". Netzwerkeffekte, auch Netzwerk-Externalitäten genannt, beschreiben die Auswirkungen der Teilnahme von einer Person an einem Netzwerk auf die anderen Teilnehmer. Netzwerke können dabei auf physischen Verbindungen basieren, wie beispielsweise das Internet selbst oder aber auch auf imaginären oder psychischen, wie etwa die Verbindungen von Mitgliedern einer Vereinigung[7].
Nach dem Gesetz von Metcalfe[8] nimmt der Nutzen eines Netzproduktes quadratisch zu der Anzahl der Benutzer zu[9].

---

[1]   Vgl. Kelly (2001).
[2]   Vgl. Gabler-online (2001).
[3]   Vgl. Fischer (2001), S. 4.
[4]   Am 1.1.1983 wurde das TCP/IP-Protokoll standardisiert. Vgl. Tanenbaum (1998), S 70-71.
[5]   Das WWW wurde 1989 am CERN entwickelt. Vgl. Tanenbaum (1998), S 717-719.
[6]   Vgl. Arthur D. Little (1996, Hrsg.), S. 34-36.
[7]   Vgl. Merz (1999), S. 83.
[8]   Bob Metcalfe ist Erfinder des Ethernet.
[9]   Vgl. Griese (1999), S. 301.

Wie die folgende Grafik zeigt, wächst die Anzahl der Internet-Hosts weltweit exponentiell[10]. So herrscht Einigkeit darüber, daß das Potential auf diesem Gebiet noch nicht ansatzweise ausgeschöpft ist.

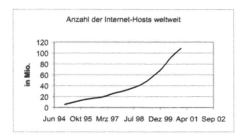

Abbildung 2-1: Anzahl der Internet-Hosts weltweit [Quelle: ISC (2001)]

2.3 Wertschöpfungsstruktur

Die Wertschöpfungskette oder auch Wertkette bzw. Leistungskette ist ein durch Porter entwickeltes Planungs- und Analyse-Instrument im strategischen Controlling. Porter geht von der Überlegung aus, daß strategisch nutzbare Wettbewerbsvorteile durch die im unternehmerischen Leistungsprozeß generierte Wertschöpfung entstehen.

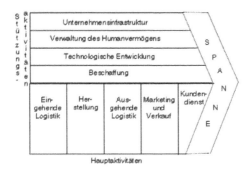

Abbildung 2-2: Wertschöpfungskette [Quelle: Darstellung nach Porter (1986), S. 62]

Diese läuft in Stufen ab, wobei jedoch die Wertschöpfung der einzelnen Stufen strategisch gesehen von sehr unterschiedlicher Bedeutung sein kann. Somit kommt es darauf an, daß sich das Unternehmen auf die strategisch wichtigen, weil Wettbewerbsvorteile generierenden, Wertschöpfungsprozesse konzentriert. Die

---

[10]   ISC (2001).

unwichtigen jedoch ausschließlich nach Kostenoptimierungsgesichtspunkten behandelt, also evtl. an Zulieferer vergibt. Daher zerlegt Porter den Leistungsprozeß in Form einer Wertschöpfungskette, wobei primäre und unterstützende Aktivitäten unterschieden werden[11].

3. Die Wertschöpfungssituation

3.1 Entstehungsbereiche der Wertschöpfung

Von grundlegender Bedeutung für die Beurteilung der Einflüsse der „New Economy" auf die Wertschöpfung ist die Frage nach dem Entstehen der Wertschöpfung. Welchen Anteil trägt dabei der Hersteller, welchen die Zulieferer? Die folgende Grafik veranschaulicht, wenn auch übertrieben, einen in der Literatur oft genannten Trend: die Bewegung vom hersteller- zum zuliefererentwickelten und -produzierten Automobil.

Abbildung 3-1: Wertschöpfungsanteile [Quelle: VDA (2000a, Hrsg.), S. 52]

Die wichtigsten Tendenzen nach Fieten, Friedrich und Lagemann[12] sind:
-   Das Bemühen der Endprodukthersteller (Assembler) um eine Reduzierung der Gewinnschwelle und Variabilisierung der Fixkosten.
-   Die sich daraus ergebende Reduzierung der Fertigungstiefen in den Montagewerken unter Konzentration auf die Kernaktivitäten.
-   Anspornen der Zulieferer, am Rationalisierungsprozeß mitzuwirken und sich in gemeinsamen F&E-Projekten zu engagieren.

---

[11]   Vgl. Porter (1986).
[12]   Fieten / Friedrich / Lagemann (1997), S.48-50.

Angestrebt wird eine Neuformierung der Zulieferindustrie in einer „Zulieferpyramide". Allerdings ist ungewiß, ob sich eine derartige, idealtypische Struktur wirklich realisieren läßt.

Die Datenerhebungen der Jahre 1978 bis 1991 lassen zwar aufgrund des gestiegenen Anteils der Vorleistungen am Bruttoproduktionswert (von 61 Prozent auf 68 Prozent) die Vermutung zu, daß sich die Wertschöpfung bereits zum Zulieferer verlagert, allerdings findet diese Entwicklung nicht innerhalb des verarbeitenden Gewerbes statt. Dessen Anteil am Produktionswert sank im gleichen Zeitraum von 80 Prozent auf 74 Prozent[13].

Dies deutet darauf hin, daß der Anteil der Dienstleistungen, insbesondere durch den vermehrten Einsatz von IuK-Technologien, gestiegen ist.

Als generelle Tendenz kann eine Zunahme nichtindustrieller Vorleistungen auf lange Sicht angenommen werden.

Die Wertschöpfung eines Automobilherstellers läßt sich für einen idealisierten Fall in fünf Wertschöpfungsglieder unterteilen.

Abbildung 3-2: Wertschöpfungsglieder [Quelle: eigene Darstellung]

3.2 Schlüsselunternehmen

Deutsche Automobilhersteller besitzen innerhalb Europas den größten Marktanteil. Weltweit beträgt dieser an der Automobilproduktion 23 Prozent[14]. In dieser Schlüsselindustrie arbeiteten 1999 in Deutschland 727.000 Menschen[15].

Die Zahl der unabhängigen Automobilhersteller weltweit hat sich im Zeitraum von 1973 bis 1993 halbiert[16]. Bis zum Jahr 2000 ist ihre Zahl auf 16 zurückgegangen[17].

Zwar ist auch die Zulieferindustrie einem Konzentrationsprozeß unterworfen, dennoch herrscht in Deutschland eine stark mittelständisch geprägte Struktur vor. Eine Übersicht über die größten Hersteller und Zulieferer geben die Tabellen im Anhang.

---

13   Ebenda, S. 52.
14   VDA (2000a, Hrsg.), S.3. Die 23 Prozent Anteil an der Weltautomobilproduktion schließen die ausländischen Marken deutscher Unternehmen mit ein.
15   Ebenda, S. 46.
16   Meinig (1994, Hrsg.), S. 15-34.
17   VDA (2000a, Hrsg.), S. 16.

4. Implikationen der „New Economy"

4.1 Implikationsbereiche

Die Merkmale der „New Economy" werden sich vor allem auf die Transaktionen zwischen den Gliedern der Wertschöpfungskette und den damit verbundenen Kommunikationsprozessen auswirken.

Picot definiert eine Transaktion als den Prozeß der Klärung und Vereinbarung eines Leistungsaustauschs[18], oder präziser als die dem Güteraustausch vorgelagerte Übertragung von Verfügungsrechten[19].

Die Transaktionen im einzelnen sind für die in Abb. 3-2 dargestellten Wertschöpfungsglieder:

1. Weitergabe von Technologien aus der Prozessentwicklung an die Konstruktion.
2. Die Konstruktionsplanung gibt an die Beschaffung detaillierte Spezifikationen für die benötigten Komponenten weiter.
3. Die Beschaffung versorgt die Montage mit den benötigten Maschinen, Komponenten, sowie den Roh-, Hilfs- und Betriebsstoffen. Und zwar in der richtigen Menge, der richtigen Qualität und zur richtigen Zeit. Man kann dazu auch die Beschaffung von „Human Resources" zählen.
4. Die Montage beliefert die Absatzkanäle des Vertriebs mit dem fertigen Produkt, und zwar genau in der vom Kunden gewünschten Ausführung.
5. Der Vertrieb sorgt dafür, daß der Kunde das Produkt nach seinen Bestellwünschen zur vereinbarten Zeit am vereinbarten Ort geliefert bekommt.

Die durch Transaktionen verursachten Kosten unterteilt Picot in fünf verschiedene Bereiche[20]:
- Anbahnungskosten (Kosten für Informationssuche und –beschaffung über potentielle Transaktionspartner und deren Konditionen)
- Vereinbarungskosten (Kosten für Verhandlungen, Vertragsformulierung und Einigung)
- Abwicklungskosten (Kosten für Prozeßsteuerung, Führung und Koordination)
- Kontrollkosten (Kosten zur Sicherstellung der Einhaltung von Terminen, Toleranzgrenzen, Mengen-, Preis- oder Geheimhaltungsvereinbarungen)

---

[18]   Vgl. Picot (1982), S. 269.
[19]   Vgl. Picot / Dietl (1990), S. 178.
[20]   Vgl. Picot (1991), S. 344.

- Anpassungskosten (Durchsetzung von Termin-, Qualitäts-, Mengen- und Preisänderungen aufgrund veränderter Bedingungen während der Laufzeit der Vereinbarung

Die Kernaussage der Transaktionskostentheorie besagt, daß es in den Herstellungskosten zwischen Fremdbezug und Eigenfertigung nur marginale Unterschiede gibt. Die optimale Organisationsform ist nicht durch die Technologie bzw. die Produktionskosten, sondern durch die Transaktionskosten bestimmt[21]. Picot weist darauf hin, daß es sich nicht um eine reine „Entweder-Oder"-Entscheidung handelt. Zwischen den beiden Extremen „Make" und „Buy" befinden sich intermediäre Kooperationsformen mit netzwerkartigen Ansätzen, die die Vorteile von beiden vereinen können[22].

Es existieren auch Schnittstellen zwischen nicht benachbarten Gliedern der Wertschöpfungskette, an denen wichtige Transaktionen stattfinden. Transaktionen innerhalb eines Wertschöpfungsgliedes werden im folgenden Kapitel aufgezeigt. Für die einzelne Transaktion ist es in dieser Betrachtungsweise nicht relevant, ob die Funktion intern oder extern durchgeführt wird. Es kommt also nicht darauf an, ob der Automobilhersteller selbst entwickelt, herstellt, vertreibt oder die Aufgaben nur koordiniert, die Durchführung aber Dritten überläßt.

4.2 Exemplarische Behandlung einer F&E Transaktion

Da Transaktionskosten Informations- und Kommunikationskosten umfassen[23], liegt es nahe, den Schwerpunkt der Untersuchung besonders auf diese beiden zu richten. In diesem Abschnitt werden mögliche Änderungen exemplarisch am Beispiel von Transaktionen in der Forschung und Entwicklung (F&E) behandelt.

Die fortschreitende Internationalisierung vieler Unternehmensbereiche bietet gerade für die F&E große Chancen. Angestrebt wird paralleles Arbeiten nicht nur innerhalb der einzelnen Unternehmen, etwa in interdisziplinären Arbeitsgruppen, sondern auch weltweit, um einerseits Zeit und somit Kosten zu sparen, andererseits den Aufwand für eine mögliche spätere Portierung der Produkte auf neue Märkte zu verringern[24]. Wie Clark und Fujimoto festgestellt haben, führt nur

---

[21]   Vgl. Sydow (1992).
[22]   Vgl. Picot (1991), S. 339.
[23]   Vgl. Picot (1991), S. 344.
[24]   Vgl. Specht / Beckmann (1996), S. 385.

eine effektive Kombination von Parallelisierung und guter Kommunikation zu einem verbesserten Enwicklungsprozeß[25].

Der hohe Anteil kommunikativer Elemente prädestiniert geradezu die F&E zur Anwendung der Instrumente der „New Economy". Dies insbesondere, da nicht nur innerhalb der Unternehmen, sondern auch zwischen diesen durch gemeinsame Kooperation mit verschiedenen Partnern eine Netzstruktur aufgebaut wird. Daraus ergeben sich mehrere Voraussetzungen für ein erfolgreiches Arbeiten[26]. So muß erhöhter Aufwand für die Koordination der Arbeitsgruppen betrieben werden. Desweiteren ist gemeinsames Entwickeln nur bei gleichem Informationsstand möglich. Daher sind den Mitteln der Informationsverteilung innerhalb des Netzwerkes und dessen Knoten, sowie der Informationsgewinnung aus externen Quellen große Bedeutung beizumessen[27].

Die Qualität des Informationsaustauschs hängt im wesentlichen von der Qualität der Informations- oder Nachrichtenkanäle und der Schnittstellen ab.

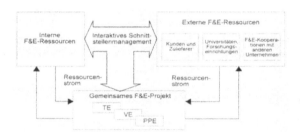

Abbildung 4-1: Integration externer F&E [Quelle: Specht / Beckmann (1996), S. 406]

Als Kanäle wurden in der Vergangenheit vorwiegend Telefon, Fax und Telex verwendet. Aufgrund der eng begrenzten Bandbreite dieser Kanäle benötigt jedoch eine Übermittlung von großem Informationsgehalt viel Zeit. Auch ein Verbindungsaufbau mit mehr als zwei Teilnehmern gestaltet sich in den meisten Fällen schwierig. An vielen Übermittlungsstationen finden Medienbrüche statt, die eine automatisierte Weiterverarbeitung von Daten und Informationen verhindern. Eine schnelle und effektive Informationsverarbeitung ist daher nicht möglich.

---

[25]   Vgl. Clark / Fujimoto (1991), S. 225, zit. nach Specht / Abraham (1997), S. 42.

[26]   Vgl. Specht / Beckmann (1996), S. 391.

[27]   Vgl. Ebenda, S. 406.

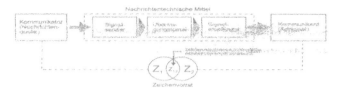

Abbildung 4-2: Grundmodell der Kommunikation [Quelle: Specht (1997), S. 53]

Soweit bereits implementiert, helfen die Instrumente der „New Economy" heute, diese Hindernisse abzubauen. Die paketweise Informationsverteilung (etwa TCP/IP) im Netz sorgt einerseits für eine bessere Ausnutzung vorhandener Leitungen durch höhere Bandbreiten, d.h. größerer Informationsgehalt oder kürzere Übertragungszeit. Andererseits stellt sie sicher, daß alle Teilnehmer am Netz zeitgleich auf die gewünschten Informationen zugreifen können. Weiterhin können durch geeignete, standardisierte Datenaustauschformate, wie etwa XML, Informationen ohne jeglichen Medienbruch direkt und automatisiert verarbeitet werden.

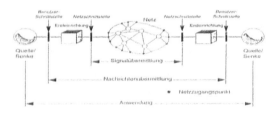

Abbildung 4-3: Erweitertes Modell der Kommunikation [Quelle: Eigene Darstellung nach Häckelmann / Petzold / Strahringer (2000), S. 9 u. 12]

Durch offene Netzwerke können Informationen auch externen Partnern zur Verfügung gestellt werden. Dies umso leichter, wenn für die Schnittstellen zwischen den Netzknoten ein offener oder etablierter Standard gilt.

Es wird erwartet, daß die heute bereits vielfach für die Informationsgewinnung (Internetrecherchen) und als Erweiterung vorhandener Kommunikationsweisen (Email statt Fax) genutzten Möglichkeiten der „New Economy", die noch vorhandenen komplett ersetzen (Telex) bzw. in ihrer Form den Anforderungen der Vernetzung anpassen werden (IP-basiertes Telefonieren).

4.3 Folgen für die Wertschöpfungsstrukturen

In der Theorie der Wertschöpfung unterscheidet man drei Formen möglicher Veränderungen in der Struktur.

- Disintermediation
  Mit Disintermediation wird der Wegfall von Wertschöpfungsstufen bezeichnet. Als Beispiel sei der Direktverkauf eines Herstellers zur Umgehung des Handels genannt.
- Transintermediation
  Mit Transintermediation wird die Übernahme von Wertschöpfungsstufen durch E-Commerce bezeichnet, etwa Maklergeschäfte via Internetportalen, wie Job- oder Gebrauchtwagenbörsen.
- Reintermediation/Hypermediation
  Mit Reintermediation bzw. Hypermediation wird das Entstehen neuer Formen der Intermediation (New Intermediaries) bezeichnet. So sind Internet-Services, wie Suchmaschinen oder Trust Center, erst durch die Internet-Technologie notwendig geworden[28].

Eine besondere Gefahr für etablierte Unternehmen in der Automobilindustrie stellen die neuen Intermediäre dar. Denn es werden vorher unbekannte Unternehmen sein, die sich spezialisiert haben und durch Innovationen versuchen, sich in den Wertschöpfungsprozess einzuklinken.

Aus diesem Grund befürchten Automobilhersteller eine massive Bedrohung durch die Computerindustrie, denn bereits heute werden ungefähr 90 Prozent der Innovationen in der PKW-Industrie elektronisch getrieben[29].

Eine weitere Form neuer Intermediäre sind elektronische Marktplätze. Sie zeichnen sich dadurch aus, daß sie eine Plattform anbieten, in der es standardisierte Schnittstellen von der Plattform zum jeweiligen Kundensystem gibt. Somit wird auch eine Standardisierung von Prozessen möglich. Durch gezielte Schnittstellenreduktion können weitere Transaktionskosten gesenkt werden. Die Skalierbarkeit bzw. Kontrolle über die Anzahl der Systembeteiligten hängt in erster Linie vom Plattformanbieter ab. Dadurch wird auch implizit der Grad der Markttransparenz, den die Systembeteiligten erhalten, beeinflußt[30].

---

[28] Vgl. European Communication Council (2001), S. 230.
[29] Vgl. Fischer (2001), S. 9.
[30] Vgl. European Communication Council (2001), S. 225-226.

Durch die Koppelung von Anbieter- und Kundensystemen existiert eine Schnittstelle zu allen Marktteilnehmern, weshalb hier von einer hohen Markttransparenz und Transaktionseffizienz ausgegangen werden kann[31].

Die Automobilplattform COVISINT, gegründet von General Motors, Ford und Daimler-Chrysler zusammen mit den Computerfirmen Oracle, Commerce One, Microsoft und SAP, wies im September 2000 bereits 200 Onlineauktionen mit einem Volumen von über 250 Millionen Euro auf. Dabei konnten die Materialpreise für Batterien, Starter, Computerchips, Zündkerzen, Reifen und Kabel um 14 Prozent gesenkt werden. Angepeilt werden Kostenersparnisse von bis zu 4000 USD pro Fahrzeug und mehr als 100 000 Transaktionen im Jahr[32].

Bei einem bestehenden Lieferantennetz können im Gegensatz zu elektronischen Marktplätzen E-Procurement Systeme die Transaktionskosten eines Bestellvorgangs drastisch senken. Der Prozeß des Bestellens und der Freigabe durch Kostenstellenverantwortliche ist in ein Softwaresystem eingebettet und die Bestellung wird durch einen autorisierten Benutzer automatisch abgewickelt ohne zusätzliche Formalitäten. So hat die Einführung eines E-Procurement Systems bei VW dazu geführt, daß die Bestellkosten von DM 200,- für einen Hammer mit einem Listenpreis von DM 20,- bei optimaler Nutzung der Internet-Technologie nur noch Kosten in Höhe von DM 40,- verursacht. Das ist eine Einsparung von 80 Prozent[33]. Hierbei bleibt die Struktur der Wertschöpfungskette erhalten.

Im Verlauf der Wertschöpfungskette wird es Änderungen im Management geben. Die Wertschöpfungsstruktur bei Micro-Compact Car (MCC), Hersteller des Smart, ist eine klassische Wertschöpfungsstruktur in der Automobilindustrie. Der einzige Unterschied ist darin begründet, daß MCC selbst nur bei den Wertschöpfungsprozessen für Produktentwicklung, Montage und Vertriebssteuerung/Controlling direkt beteiligt ist. Distribution, Vertrieb, IT-Support und Kundenbindung übernehmen andere Unternehmen. Das Management der gesamten Wertschöpfungskette liegt jedoch bei der Firma MCC[34].
An diesem Beispiel sieht man, daß ein innovatives Produkt, obwohl nach neuem Konzept entwickelt, doch auf den Grundlagen der klassischen, etablierten Wertschöpfungsstruktur basiert. Eine Strukturveränderung hat hier nicht stattgefunden.

---

[31]   Vgl. Ebenda, S. 226.
[32]   Vgl. Reitze / Wehinger (2001), S. 73.
[33]   Vgl. Singer (2000), S. 23.
[34]   Vgl. Sempf (1999), S. 22.

5.   Fazit

Die etablierten Wertschöpfungsstrukturen in der Automobilindustrie werden sich nach außen hin nicht ändern. Innerhalb der vorgegeben Struktur kann durch die IuK-Technologie wesentlich effizienter kommuniziert werden. Die Auswertungsmöglichkeiten von Prozessen bis auf Transaktionsebene werden ein erhöhtes Informationspotential bieten. Diese Vielfalt birgt aber auch die Gefahr, daß Informationen explodieren. Ein umfassendes Wissensmanagement ist daher ratsam. Unterstützt wird diese Entwicklung durch die stetig sinkenden Kommunikationskosten und die fortschreitenden technischen Möglichkeiten.

Die Vernetzung der Wertschöpfungsketten zwischen Hersteller und Lieferant ist seit langem Praxis und kein Merkmal der „New Economy". Ein Trend vom Lieferanten zum Problemlöser bzw. vom Komponentenanbieter zum Systemlieferant ist erkennbar[35]. Eine Verschiebung der Leistungstiefe zwischen Zulieferer und Hersteller verändert nicht die Struktur der Wertschöpfungskette. Die Aufgaben, die einzelne Glieder repräsentieren, werden lediglich verlagert.

Aufgrund der Möglichkeit firmenübergreifend die Systeme zu vernetzen, können sich Firmen zu virtuellen Unternehmen zusammenschließen. Ein solches tritt dem Kunden gegenüber als eine Einheit auf. Im Extremfall besteht eine Kooperation nur für ein einziges Projekt bzw. Produkt.

Die „New Economy" ist eine völlig natürliche Erscheinung der Ökonomie. Schon der russische Ökonom Nikolai D. Kondratieff beobachtete 1925 lange Wellen des wirtschaftlichen Auf- und Abschwungs. Joseph Schumpeter (1961) ehrte diese Konjunkturzyklen mit dem Namen „Kondratieff" und lieferte die dazu passende Theorie. „Basisinnovationen" führen zu langen Aufschwüngen, die ganze Volkswirtschaften auf ein höheres Niveau wirtschaftlicher Aktivität heben. Die Internet-Technologie ist eine solche Basisinnovation[36].
Die bestehenden ökonomischen Regeln werden bestehen bleiben. Die Produktivität wird jedoch durch fortschreitende Technologie steigen.

---

[35]   Vgl. Meinig / Mallad (2000), S. 28-29.
[36]   Vgl. Röpke (2001), S. 1-2.

Literaturverzeichnis

Arthur D. Little (1996, Hrsg.): Management im vernetzten Unternehmen, Wiesbaden

Baumgarten, H. / Ihde, G. (1993): Gestaltung der Wertschöpfungs-, Innovations- und Logistktiefe von Zulieferant und Abnehmer, München

Christopher, M. (1998): Logistics and Supply Chain Management, 2. Auflage, London u. a.

European Communication Council (2001): European Communication Council Report; Die Internet-Ökonomie – Strategien für die digitale Wirtschaft, 3., erweiterte und überarbeitete Auflage, Berlin

Fieten, R. / Friedrich, W. / Lagemann, B. (1997): Globalisierung der Märkte - Herausforderung und Optionen für kleine und mittlere Unternehmen, Stuttgart

Fischer, J. (2001): F&E-Kooperationen in der „Net Economy" – Passen die alten Muster für den Controller noch?, in: Ergebnisse eines Workshops des Arbeitskreises F&E-Management, Darmstadt

Gabler (1988, Hrsg.): Wirtschaftslexikon, 12. Auflage, Wiesbaden

Gabler-Online (2001, Hrsg.): New Economy, http://www.gabler.de/wirtschaftslexikon/update/002.htm, k. A., Abruf am 01.05.2001

Griese, J. (1999): Electronic Commerce, Zürich

Häckelmann, H. / Petzold, H. / Strahringer, S. (2000): Kommunikations-systeme – Technik und Anwendungen, Berlin

Herrmanns, A. / Sauter, M. (1999): Management-Handbuch E-Commerce, München

ISC (2001): Internet Domain Survey Host Count, http://www.nic.de/DENICdb/stats/index.html, k. A., Abruf am 17.06.2001

Kelly, K (2001): New Rules for the New Economy,
http://www.wired.com/wired/5.09/newrules_pr.html, 09/1997, Abruf am
30.05.2001

Leibinger, B. (2001): Die New Economy braucht reale Produkte,
http://www.tagesspiegel.de/pubs/aktuell/pageviewer.asp?TextID=1450,
01.05.2001, Abruf am 11.05.2001

Meffert, H. (2000): Marketing – Grundlagen marktorientierter
Unternehmensführung, 9., überarbeitete und erweiterte Auflage, Wiesbaden

Meinig, W. (1994, Hrsg.): Wertschöpfungskette Automobilwirtschaft: Zulieferer
– Hersteller – Handel; internationaler Wettbewerb und globale
Herausforderungen, Wiesbaden

Meinig, W. / Mallad, H. (2000): E-Commerce im Autohandel: Kundenansprüche
– Bedeutungsgewichte – Akzeptanz, in Zeitschrift für Automobilwirtschaft,
Nr. 03/00, S. 28-34

Merz, M. (1999): Electronic Commerce – Marktmodelle, Anwendungen und
Technologien, Heidelberg

o. V. (1993): OEM; die Zulieferer der Automobilindustrie für Einkauf,
Konstruktion und Fertigung, in: Sonderbeilage des Fachmagazins
„Automobil-Industrie", Nr. 06/93

o. V. (2000): The Next Downturn - Will a New Economy bust follow the New
Economy boom?, in: Business Week, 09.10.2000, S. 37

Picot, A. (1982): Transaktionskostenansatz in der Organisationstheorie: Stand der
Diskussion und Aussagewert, in: Die Betriebswirtschaft, Jg. 42, Nr. 2/82, S.
267-284

Picot, A. / Reichwald, R. (1987): Bürokommunikation – Leitsätze für den
Anwender, 3. Auflage, Hallbergmoos

Picot, A. / Dietl, H.(1990): Transaktionskostentheorie, in:
Wirtschaftswissenschaftliches Studium, Nr. 4/90, S. 178-184

Picot, A. (1991): Ein neuer Ansatz zur Gestaltung der Leistungstiefe, in: Zeitschrift für betriebswirtschaftliche Forschung, Jg. 43, S. 336-357

Porter, M. (1986): Wettbewerbsvorteile – Spitzenleistungen erreichen und behaupten, Frankfurt a. M.

Pries, L. (1999): Auf dem Weg zu global operierenden Konzernen? BMW, Daimler-Benz und Volkswagen: die „Drei Großen" der deutschen Automobilindustrie, München

Reeg, M. (1998): Liefer- und Leistungsbeziehungen in der deutschen Automobilindustrie: strukturelle Veränderungen aus unternehmerischer und wirtschaftspolitischer Sicht, Berlin

Reitze, W. / Wehinger, W. (2001): Fallstudie Auto, in: e-Business – Das Magazin für die Internet-Wirtschaft, Nr. 6, 12.03.2001, S. 73

Röpke, J. (2001): Ohne Gründerwelle keine lange Welle – Laotse, Kondratieff, Schumpeter: Die Väter der „Neuen Wirtschaft", www.wiwi.uni-marburg.de/lehrstuehle/einrinst/mafex/Netzwerk/Publikationen/Dokumente/laotse2.pdf, 04.04.2000, Abruf am 18.06.2001

Schlenker, F. (2000): Internationalisierung von F&E und Produktentwicklung: das Beispiel der Automobilindustrie, Wiesbaden

Sempf, U. (1999): Andere Geschäfte – andere Geschäftsprozesse – andere Informationssysteme, in: Workshop Informationsmanagement, Diebold Management Institut, 15.-16.03.1999, Wiesbaden

Singer, K. (2000): Der VW-Hammer, in: Wallstreet Journal, 03.04.2000, S. 23

Specht, G. / Beckmann, C. (1996): F&E-Management, Stuttgart

Specht, G. (1997): Einführung in die Betriebswirtschaftslehre, 2., überarbeitete und erweiterte Auflage, Stuttgart

Specht, G. / Abraham, S. (1997): Telekooperationstechnologien im Bereich Forschung und Entwicklung der Automobil- und Zulieferindustrie, in: Arbeitspapier Nr. 9, Darmstadt

Sydow, J. (1992): Strategische Netzwerke, Wiesbaden

Tanenbaum, A. (1998): Computernetzwerke, 3., revidierte Auflage, München

VDA (2000a, Hrsg.): Auto 2000 – VDA Jahresbericht, Frankfurt a. M.

VDA (2000b, Hrsg.): Die Automobilindustrie weltweit: anhaltender Boom oder Anzeichen einer Nachfrageschwäche, in VDA-Konjunktur-Barometer, 07/2000, Frankfurt a. M.

Weiss, S. (1999): Management von Zuliefernetzwerken: ein multilaterales Kooperationskonzept am Beispiel der Automobilindustrie, Diss. Zürich

Wertz, B. (2000): Management von Lieferanten-Produzenten-Beziehungen: eine Analyse von Unternehmensnetzwerken in der deutschen Automobilindustrie, Wiesbaden

Williamson, O. (1981): The Economics of Organisation: The Transaction Cost Approach, in: American Journal of Sociology, Jg. 87, Nr. 3, S. 548-597

Anhang

Unternehmen	Umsatz 2000 in Mio. Euro	Umsatz 1999 in Mio. Euro
Bosch	22.496	18.151
Continental	10.115	9.132
ZF	6.495	5.300
VDO	3.495	3.338
Hella	2.536	2.199
Sachs Gruppe	2.487	2.170
Mahle Group	2.391	2.078
Eberspächer (nur Fahrzeugteile)	1.217	919

Tabelle 1: Die größten deutschen Automobilzulieferer [Quelle: eigene Darstellung und Berechnung]

Unternehmen	Umsatz 2000 in Mio. Euro	Umsatz 1999 in Mio. Euro
Volkswagen Konzern	85.555	75.167
Mercedes-Benz + Smart MCC	43.700	38.100
BMW	35.356	32.402
Opel + Vauxhall	17.121	17.365
Ford	13.089	13.239
Porsche	3.648	3.161

Tabelle 2: Die größten deutschen Automobilhersteller [Quelle: eigene Darstellung und Berechnung]

Unternehmens- größenklasse in Anzahl der Beschäftigten	Anteil der Beschäftigten in Prozent	Kumulierter Anteil in Prozent
Bis 49	27	27
50-199	33	60
200-999	27	87
größer 1.000	13	100

Tabelle 3: Verteilung der Beschäftigten in der Automobilzulieferindustrie (1993) [Quelle: Reeg (1998), S. 43]

Glossar

E-Procurement   Elektronisches Bestellwesen

First Tier Lieferant   Direkter Lieferant des Herstellers an erster Front

Internet   Heterogenes, IP-basiertes Informations- und Kommunikationsnetz

IuK-Technologie   Informations- und Kommunikationstechnologie

OEM   „Original equipment manufacturer", Hersteller von Hardwarekomponenten, die ein anderer Hardwarehersteller in seine Produkte einbaut oder sonst unter eigenem Namen verkauft.

TCP/IP   Transmission Control Protocol / Internet Protocol, paketorientierte Datenübertragungsprotokollfamilie

WWW   World Wide Web; Internet-Anwendung für den Zugriff auf verteilte, vernetzte Dokumente

www.ingramcontent.com/pod-product-compliance
Lightning Source LLC
LaVergne TN
LVHW042315060326
832902LV00009B/1503